나는 탐구보고서로 대학 간다

워크북

정유희·안계정·주상명 지음

미디어숲

일러두기

아직 '탐구보고서'가 무엇인지 모른다고요! 아직 한 번도 써 본 적이 없다고요!

탐구보고서란? 학생들이 관심 있는 부분의 활동 흔적입니다. 이 책에서는 쉽고 간단하게 보고서를 쓸 수 있는 방법을 제공합니다.

탐구보고서의 모든 것

탐구보고서를 처음 접하거나, 왜 필요한지, 어떻게 써야 하는지 모르는 학생들을 위해 탐구보고서 작성 방법을 정리했습니다. 특히 주제를 선택하는 방법이나 정보 검색하는 사이트를 잘 활용하면 쉽게 자료를 정리할 수 있습니다.

탐구보고서 작성 사례 엿보기

과연 선배들은 어떤 보고서를 작성했을까요? 탐구보고서 작성 사례를 보면서 그 틀에 맞추어 예비 보고서를 작성하는 것도 좋습니다. 선배들의 탐구보고서를 보고 내가 쓴다면 어떻게 다른 방법을 쓸 수 있을지 생각하면서 읽으면 좀 더 발전된 탐구보고서를 만들 수 있습니다.

탐구보고서 작성 워크북

학생들이 가진 호기심을 바탕으로 탐구보고서를 작성하는 실전 연습입니다. 학생과 선생님의 대화를 통해, 아님 학생 스스로에게 질문을 던지는 과정에서 보고서를 작성할 수 있습니다. 특히 교과서 지문이나 진로 탐구활동 보고서는 심화활동으로 꼭 필요합니다.

논문읽기 활동

논문을 어렵다고 생각하는 학생들이 많습니다. 고등학생의 경우 호기심은 많은데 실험이나 자료 분석이 어려워 해결을 못 하는 경우가 많습니다. 하지만 논문을 통한다면 전문가들이 연구한 내용을 바탕으로 새로운 개념 분석과 원리를 잘 이해할 수 있을 것입니다.

독서 활동

독서는 학교생활 중 교과심화나 진로 심화활동을 하기에 좋습니다. 책을 읽고 끝나는 것이 아니라 새롭게 알게 된 내용이나 호기심이 생긴 부분들을 다른 자료나 책을 찾아 정리한다면 더 좋은 보고서가 될 수 있습니다.

만약 더 많은 사례나 자세한 탐구보고서 학습이 필요한 친구들은 『나는 탐구보고서로 대학간다(미디어숲)』 책을 참고하면 좋습니다.

차례

PART
1

$\vdots$

탐구보고서의
모든 것

탐구보고서란 무엇인가?

  수업시간에 배운 지식의 사실 여부 확인을 위해, 선행 연구 자료를 조사하거나 주제를 선정하여 이를 해결하는 일련의 과정을 '탐구활동'이라고 한다. 이러한 탐구활동을 통해 얻은 결과를 글로 정리한 것을 '탐구보고서'라고 한다.

탐구보고서, 진짜 공부의 시작

  탐구보고서가 중요한 이유는 학생부종합전형의 평가기준인 자기주도성과 전공적합성, 학업역량을 모두 만족시키는 활동이기 때문이다.

  "수업시간에 배운 내용 중 선행학습을 요하는 내용이어서 유도과정은 생략한다." 이런 글이 적혀 있는 경우에 공식만 외워 문제풀이만 해도 되지만, 스스로 왜 이런 공식이 나오게 되었는지 관련 책이나 논문을 찾아보면 좋다. 그 과정을 통해 자신의 우수성을 보여줄 수 있기 때문이다.

  입학사정관이 생각하는 지적호기심이란 무엇일까. 궁금한 점이 있다면 왜 그런지 그 이유를 찾아보고 알아가는 것이다. 또한 궁금한 점을 알게 되었다면 관련 내용을 공부하면서 추가적으로 공부한 내용이 있으면 더 효과적이다. 전공 관련 책을 읽거나 강의를 청강하는 등의 활동이 학생부에 기록된다. 이는 학생의 지적호기심, 자기주도성, 전공적합성, 학업역량을 보여주는 사례가 된다.

  하나의 주제 또는 가설을 설정하여, 탐구를 통한 결과를 논리적인 구성으로 작성한 것을 탐구보고서라고 한다. 이 활동은 교과 세부능력 및 특기사항(이하 교과 세특)에 기록될 수 있다. 또한 자율동아리에서 자신의 진로와 연계하여 좋은 효과를 기대할 수도 있다. 탐구주제 선정의 이유, 활동 및 역할, 어떤 노력을 했는지, 알게 된 지식 등을 정리하여 탐구보고서를 제출하면 동아리 및 진로활동에 긍정적 영향을 미칠 수 있다.

2020학년도 학교생활기록부 기재요령에 보면, "학교교육계획에 따라 실시한 교육활동 중 교사 지도하에 학생이 직접 작성한 자료를 활용하여 학교생활기록부의 서술형 항목에 관찰 및 평가한 내용을 기록할 수 있다."라고 되어 있다. 따라서 학생은 자신이 활동한 내용을 자기평가서, 수행평가 결과물, 소감문, 독후감 등으로 작성해 담당선생님께 제출해야 한다. 이는 자기주도성이 있는 학생으로 평가받을 수 있기 때문이다.

탐구보고서 들여다보기

◉ 탐구주제 선정하기

탐구주제를 선정할 때 너무 거창하게 정하면 주제에 맞지 않는 내용과 결론이 도출될 수 있고, 혹 학생 주도의 탐구활동이 아니라고 생각되면 신뢰성이 떨어질 수도 있다. 따라서 주변에서 쉽게 생각할 수 있는 친숙한 주제에서 찾아보자.

예를 들면 '학교 앞 상가를 활성화하기 위한 방법, 학교에 매점이 없어 불편한 문제를 해결하기 위한 대안, 학생들의 아르바이트 실태 조사, 적당한 운동이 기억력을 높여주는가' 등의 일상생활에서 쉽게 접할 수 있는 주제가 좋다.

일상에는 다양한 탐구 소재들이 있다. 수업시간에 배운 과학 이론이 이해가 되지 않는다면, 프로그램을 활용해 그래프로 표현해보자. 훌륭한 탐구활동이 될 수 있다. 우리가 마시는 물에 미세플라스틱이 들어 있다고 하는데, 얼마만큼 들어있는지 조사해보자. 우리 주변에서 쉽게 접할 수 있는 것들이 그 자체로 좋은 탐구주제가 될 수 있다.

◉ 탐구주제 선정 시 유의사항

① 주제를 해결할 수 있는 탐구 재료를 구할 수 있는가?
• 좋은 실험이라도 탐구 재료를 구하지 못한다면 좋은 결과를 얻을 수 없다.

② 관련된 선행 연구결과가 있는가?
• 선행 연구결과가 없다면 진행한 실험 결과가 맞는지 확인하기가 어렵다.

③ 자신의 흥미와 적성에 알맞은가?

- 탐구활동을 1주일 이내에 끝내긴 어렵다. 1달 또는 그보다 더 오랫동안 실험이 진행되는 편이다. 따라서 조사 과정이나 자료를 찾을 때 자신의 흥미와 적성에 잘 맞아야 끝까지 진행할 수 있다.

④ 탐구기간까지 완성할 수 있는가?

- 일반적으로 탐구기간 내에 실험을 완성하고 밤을 새워 보고서를 작성한 후 발표하게 된다. 발표 PPT는 탐구 발표일보다 1주일 전에 작업을 마무리하고 완성한다. 무엇보다 발표 연습을 할 수 있는 시간적 여유를 확보하기 위해서라도, 탐구 기간을 정해두고 탐구하는 게 중요하다.

◉ 탐구계획 수립하기

① 탐구방법 결정하기

- 관찰 : 식물의 재배와 동물의 사육 등
- 실험 : 여러 가지 기구나 약품을 사용하는 실험
- 현장조사 : 수목원이나 식물원, 동물원 등을 견학
- 문헌조사 : 과학 전문서적, 논문 등을 조사

② 탐구계획 수립 시 유의사항

- 탐구계획에는 언제, 어디서, 무엇을, 어떻게 할 것인지 등 구체적인 시간계획을 포함한다.
- 탐구계획을 수립할 때 식물이나 동물의 생장기간, 생존기간 등을 미리 조사하여 계획을 수립한다.
- 탐구에서 얻은 자료를 제대로 기록하지 못해 결과를 제대로 얻을 수 없는 문제가 발생할 수도 있으므로 영상으로 촬영하고, 기록하는 사람을 별도로 정한다.
- 탐구한 내용을 확인할 수 있는 장비가 학교에 있거나 쉽게 구할 수 있는 것인지 파악해 둔다.

📍 탐구보고서 작성하기

① 탐구보고서 작성 시 유의사항

제목 선택이 가장 중요하다. 제목만 보고도 어떤 실험인지 파악할 수 있으며, 어떤 동기로 탐구하게 되었는지까지 확인이 가능하다.

예를 들어, [EM을 통해 항균작용]이라고 제목을 선정하면 왜 이런 주제를 정했는지, 무엇을 알고 싶은지 확인하기 힘들다. 이보다 좀 더 구체적으로 기록해야 한다. 예를 들면, 남학교에서 점심시간 후 축구를 열심히 하다 보니 땀 냄새로 수업시간에 집중도가 떨어짐. 이런 냄새를 제거하고 수업의 집중력을 높일 수 있는 물질 중 냄새제거 능력이 우수한 EM에 관심을 가지게 되었고 탐구하게 됨. [EM을 활용한 남자교실 땀 냄새제거 효능 탐구]라고 제목을 정하면, '동기'와 '제목'이 연계되어 효과적이다.

가설을 바탕으로 실험한 결과가 서로 일치하지 않을 경우, 실험 결과를 조작하여 결론을 도출해선 안 된다. 탐구활동의 결과가 자신이 예상한 것과 다르다고 결과를 조작하는 경우가 있다. 그런데 실험을 성공시키는 것이 중요한 게 아니라, 왜 결과와 일치하지 않는지, 그 이유를 찾는 활동이 더 좋은 탐구능력을 가진 학생으로 인정받을 수 있다.

예를 들어, 미백 치약과 일반 치약 중에서 미백 치약이 더 효과적이라고 생각하고 실험을 했지만, 별 차이가 없는 경우가 있다. 그럴 경우 일부러 더 효과가 좋은 자료를 활용하여 빨리 실험을 마무리하는 경우가 있는데, 이런 탐구는 아무런 의미가 없다. 오히려 실제 실험에서 미백 치약과 일반 치약의 효과가 큰 차이가 없다면 미백 성분에 대해 더 깊게 조사한다. 그러면 문제해결능력이 우수한 학생으로 평가받을 수 있다.

📍 PPT 작성 및 발표

아무리 좋은 실험을 했더라도 발표 PPT를 제대로 만들지 못하거나, 매끄러운 발표를 하지 못한다면 좋은 평가를 받을 수 없다. 따라서 어떤 목적을 가지고 실험했는지, 효과적인 실험을 위해 변인을 어떻게 선정했는지 등에 대해 사진과 표를 넣어 보다 쉽게 전달하는 게 중요하다.

또한 실험 후 더 알고 싶은 것을 구체적으로 조사하는 게 중요하다. 발표 시 친구들뿐만 아니라 선생님도 동일한 궁금증을 가지고 질문을 하는 경우가 있는데 꼼꼼하게 준비했다면, 우수한 발표로 이어질 수 있다. 따라서 글보다는 사진과 표를 활용해 효과적으로 정보를 전달하고, 예상되는 질문을 사전에 조사하여 준비한다면 좋은 평가를 받을 수 있다.

※ PPT 작성을 위한 유의사항

- 탐구한 내용이 정확하게 전달될 수 있도록 전체적인 발표안을 구성한다.
- 슬라이드 개수가 너무 많거나 글이 많은 경우 내용이 제대로 전달되지 않을 수 있다.
- 탐구주제, 목적, 동기, 탐구방법, 탐구결과가 잘 나타날 수 있도록 핵심적인 내용만 포함시킨다.
- 탐구 결과는 사진과 표를 활용하여 결과의 내용이 쉽게 전달될 수 있도록 한다.

정보 검색하는 방법

① 논문을 활용한 정보 검색

NDSL(한국과학기술정보연구원)	https://scienceon.kisti.re.kr/
RISS(한국교육학술정보원)	http://www.riss.kr/index.do
DBpia(누리미디어)	https://www.dbpia.co.kr/
KISS(한국학술정보)	http://kiss.kstudy.com/
earticle(학술교육원)	https://www.earticle.net/
국회전자도서관	https://www.nanet.go.kr/main.do
구글 학술정보	https://scholar.google.co.kr/schhp?hl=ko
네이버 학술정보	https://academic.naver.com/

② 주제별 데이터베이스를 활용한 정보 검색

신문기사 검색	https://www.bigkinds.or.kr/
법률정보 검색_국가법령정보센터	https://www.law.go.kr/
특허정보검색	http://www.kipris.or.kr/khome/main.jsp
통계정보검색_국가통계포털	https://kosis.kr/index/index.do

PART
2

∙
∙
∙

탐구보고서
주제 찾기

방파제 모형에 따른 해파의 피해

제목 : 방파제 모형에 따른 해파의 피해 비교와 최소화 방안에 대한 고찰

초록

    현재 모형의 방파제는 효과적으로 파도를 상쇄시키지만 안전상의 문제가 있었다. 안정상의 문제를 해결하고자 이 실험을 진행하였다. 유리 수조에서 방파제의 재료나 모형에 따른 물결파의 세기를 넘어진 막대의 개수를 통해 측정하였다. 실제 바다에서 측정하기에는 고등학생 수준에서는 어려우므로 축소된 환경을 통해 쉽게 측정하였다. 수면에 뜨는 방파제, 기존의 방파제, 기둥 방파제, 방파제 없을 때 순으로 물결파의 세기 상쇄 효과가 좋았다.

Ⅰ. 서론

Ⅰ-1 연구의 필요와 목적

지구온난화가 가속화됨에 따라 나타나는 기후변화, 자연재해는 경제, 사회적으로 많은 영향을 미치고 있다. 우리나라의 최근 10년(1995~2005년)간 연강수량은 평균(1971~2,000년) 대비 약 10% 증가하였고 태풍, 게릴라성 집중호우로 인한 피해액이 매10년 단위로 3.2배가 증가하였다.(국무총리실, 2008 : 7)

여름철 평균 강수량의 증가, 최근 들어 집중호우의 증가와 같은 기상 이변들이 나타나고 있다. 게다가 우리나라는 태풍이 빈번하게 통과하는 곳으로 폭풍 해일, 너울성 파도에 의한 피해가 늘어나고 있는데, 여름철 무더운 날씨로 많은 사람들이 바다를 찾음에 따라 인명피해도 증가하고 있다.

최근 너울성 파도로 인해 레일바이크 선로 유실, 해변 및 건물 침식, 어구류 파손 등으로 65억 원가량의 경제적 피해와 최근 6년간 사망 19명, 실종 4명의 인명 피해가 발생하였다. 특히, 너울성 파도에 의한 인명피해 대부분이 방파제 및 갯바위 등에서 발생하고 있음을 염두에 두어야 한다. 방파제는 파도 및 강풍 등의 피해를 1차적으로 감소해 주는 구조물일 뿐, 더 이상 안전지대가 아님을 명심해야 한다.

기존 방파제의 원리, 모형에 따른 피해 감소량 등을 비교하여 피해를 가장 최소화할 수 있는 모형을 알고 만들어 보고자 실험을 하였다.

Ⅱ. 본론

Ⅱ-1 기본개념 및 이론적 배경

해파(海波, sea wave)란 해양에서 일어나는 파동운동으로서 해수의 상태변화가 주위에 물결모양으로 전해져 가는 현상을 말하며, 해수 자체가 이동해 가는 것은 아니고 단지 파동에너지가 전달될 뿐이다.

파장과 수심의 비에 따라 천해파는 수심이 파장의 1/20보다 얕을 때의 해파를 말하며 장파라고 부르기도 한다.

심해파는 수심이 파장의 1/2보다 깊은 바다에서의 파동을 말한다. 해면을 따라 전달되므로 표면파라고 부르기도 한다.

● 해파의 속도 영향 인자

조석 : 밀물(만조)과 썰물(간조)

– 간만의 차(0.2m~8m), 지구 자전 영향

심해파의 전파속도 : 파장에 비례하지만, 수심과는 무관하다.

천해파의 전파속도 : 수심에 관계되고 파장에 무관하다.

바람 : 평균풍속 〉 파도의 이동속도

● 방파제의 정의

방파제란 파도로부터 항만 내부를 보호하기 위해 항만 외곽에 쌓은 둑을 말한다. 현재 보편화된 방파제의 모형은 테트라포트이다.

테트라포트란 4개의 뿔 모양을 가진 콘크리트 구조물로서 파도의 힘을 소멸시키거나 감소시키기 위해 사용하며, 그 무게는 5t에서부터 큰 것은 100t 이상 되는 것도 있다. 제일 안정적인 구조를 하고 있다.

● 파동

고정단반사에서는, 한쪽 끝이 고정된 파동이 진행할 때 고정된 끝에서 반사되는 파는 뒤집어져(위상이 반대가 되어) 반사된다.

자유단반사에서는, 끝이 자유롭게 움직일 수 있는 파동이 진행할 때, 줄 끝에서 반사되는 파는 위상의 변화 없이 그대로 반사된다.

파동반사 시, 파동의 일부는 반사되고 일부는 투과해 나아간다. 이때 반사되는 파를 반사파, 투과되어 나아가는 파를 투과파라고 한다.

투과파의 위상은 어느 경우든지 변하지 않는다.

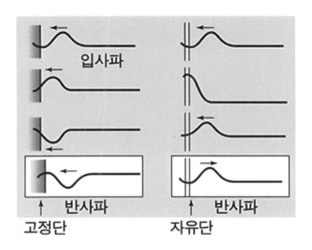

충격량 : $\vec{F} \cdot \triangle t = \triangle \vec{p}$

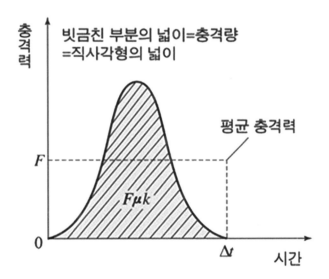

물체의 운동량에 변화를 주는 물리량으로서, 힘과 힘이 작용한 시간의 곱을 충격량이라고 한다. 즉, 충격량은 운동량의 변화량과 같다.

충격을 주는 힘이 클수록 충격의 양이 크다. 충격을 받고 있는 시간이 길수록 충격량이 크다.

II-2 실험 설계

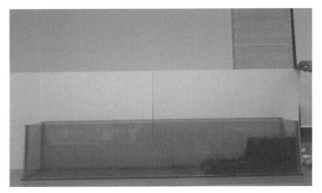

가로 150cm, 세로 20cm, 높이 30cm의 유리 수조

운동장 흙 - 바다의 바닥을 표현하기 위해 흙을 경사지게 하여 굳혔다.

나무 막대가 쓰러짐으로써 물결파의 에너지 세기의 지표가 된다.

● 방파제가 존재하지 않을 때

나무 막대를 물이 없는 흙 표면에 고정시킨 후 유리 수조의 폭에 맞는 판을 유리 수조에 표시해 둔 거리만큼 일정하게 움직여서 물결파를 발생시킨다.

횟수	1	2	3	4	5
남은 막대 개수	1	2	1	1	0

● 기존의 방파제가 존재할 때

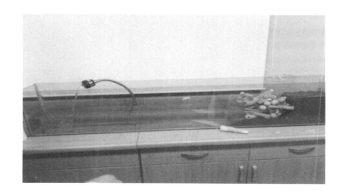

기존의 방파제 모형을 실제 바다와 흡사하게 배치한다. 나무 막대를 물이 없는 흙 표면에 고정시킨 후 유리 수조의 폭에 맞는 판을 유리 수조에 표시해 둔 거리만큼 일정하게 움직여서 물결파를 발생시킨다.

횟수	1	2	3	4	5
남은 막대 개수	5	8	6	8	7

● 물에 떠있는 스펀지 방파제

기존의 방파제 모형과 다른 스펀지 방파제를 바닥에 실로 고정하여 물에 뜨게 실제 바다와 흡사하게 배치한다. 나무 막대를 물이 없는 흙 표면에 고정시킨 후 유리 수조의 폭에 맞는 판을 유리 수조에 표시해 둔 거리만큼 일정하게 움직여서 물결파를 발생시킨다.

횟수	1	2	3	4	5
남은 막대 개수	9	11	8	9	7

● 기둥 방파제

기존의 방파제 모형과 다른 기둥 형태의 방파제를 바닥에 고정하여 실제 바다와 흡사하게 배치한다. 나무 막대를 물이 없는 흙 표면에 고정시킨 후 유리 수조의 폭에 맞는 판을 유리 수조에 표시해 둔 거리만큼 일정하게 움직여서 물결파를 발생시킨다.

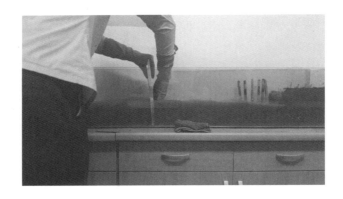

횟수	1	2	3	4	5
남은 막대 개수	4	3	2	3	1

II-3. 실험결과

	남은 횟수 평균
방파제X	2
기존 방파제	6.8
수면에 뜨는 방파제	8.8
기둥 방파제	2.6

수면에 뜨는 방파제 – 기존 방파제 – 기둥 방파제 – 방파제 없을 때 순으로 방파제로써의 효과가 좋았다. 기둥 방파제는 방파제가 없을 때와 같이 효과가 좋지 않았다.

III. 논의 및 결론

III-1. 논의

본 실험에서는 현재 널리 이용되고 있는 테트라포트 구조를 하고 있는 방파제로 인한 미끄럼 사고 등을 줄여보고자 다른 형태의 방파제를 고찰하였고, 물결파를 상쇄시킨다는 방파제의 역할을 수행할 수 있으면 어떠한 구조라도 좋다는 결론을 얻었다. 자연재해 중 하나인 파도에 대해서 효과적으로 피해를 최소화할 수 있고, 기존 방파제에서의 사고를 줄여보고자 함을 고찰하였다.

현재의 테트라포트 구조의 방파제의 성능은 뛰어나나 사고의 위험이 크다. 그래서 고안해 낸 물에 떠 있는 방파제의 성능은 실험 결과 테트라포트 구조의 방파제보다 효과적이었다. 기존의 방파제와는 다르게 사람이 물에 빠지는 등의 사고를 최소화할 수 있을 것이라 생각된다.

천해파의 속력이 수심의 깊이가 증가함에 따라 속도도 증가하여 파동의 중첩의 원리와 함께 수심이 얕은 바닷가에서 파고가 높아짐을 실험식(천해파의 속도 공식 $V = \sqrt{gh}$)과 실험을 통해 알 수 있다.

파동의 성질 중 파동의 상쇄, 반사에 대해 알 수 있다.

III-2. 실험의 한계

이 실험의 한계로 바다의 환경을 만들고자 작은 공간에서 실험을 진행하였기에 실험 결과에 있어서 자연적 요인들이 많이 제외되었을 것이다. 또한 바다의 환경을 만들기 위해 흙을 굳힌 벽들은 여러 차례 실험을 반복할 때마다 변형이 왔기 때문에 이 또한 실험 결과에 영향을 미쳤을 것이다.

축소되지 않은 실제 바다에서 확대한 물에 뜨는 방파제의 실효성을 검증하는 실험 또한 본 실험을 취하면 될 것이다.

IV.부록

IV-1 참고 문헌

① Hydraulic Experiments for Stability of Rubble-Mound Breakwater Protected by Submerged Breakwater, 박승현, 한양대학교 대학원,[2007] [국내석사]

② Investigation of wave force reduction for obliquely incident waves on breakwaters considering wave diffraction : use of mild-slope equations and analytical method, 나유리, 세종대학교 대학원,[2015] [국내석사]

③ THE INTERACTION OF VERTICAL FLEXIBLE-MEMBRANE BREAKWATERS WITH WAVES, 기성태, Texas A&M University,[1996] [해외박사]

④ Analysis of Wave Fields of Porous breakwater Using the Numerical Wave Channel, 金魯國, 韓國海洋大學校, [2002] [국내석사]

⑤ 고정식과 부유식 방파제의 특성 분석 및 적합성 연구 = A Study On The Fixed And Floating Type Breakwater Characteristic, 曺圭楠, (産業技術, Vol.14 No.- [2004])

⑥ 방파제 설계기법의 종합검토 = Comprehensive Study of Design Techniques of Breakwater, 정평수, 亞洲大學校 産業大學院,[2003] [국내석사]

일상생활에서 버려지는 열에너지 재활용 탐구

제목 : 일상생활에서 버려지는 열에너지 재활용 탐구방안

I. 서론

1. 열에너지 재활용의 필요성

우리는 일상생활에서 다양한 전자제품이나 화석연료 등 산업화의 편리함을 누리고 있다. 그 과정에서 전기에너지, 화학에너지, 열에너지 등이 서로 상호작용하며 기계를 작동시키는 데 쓰인다. 우리가 쓸 수 있는 자원은 한정되어 있고 에너지의 수요는 점점 늘어나고 있다. 그러므로 에너지를 효율적으로 사용하는 것이 필요하다. 기술이 발전하면서 이러한 부분이 향상되고 있지만 여전히 에너지를 100% 사용하지 못한다. 에너지가 버려지는 것을 쉽게 볼 수 있는 곳이 전자제품에서 발생하는 열, 보일러의 배기가스 열, 발전소의 냉각수열, 목욕탕 온배수 등 열에너지가 버려지는 것이다. 이렇게 버려지는 열에너지를 폐열이라고 한다.

우리는 이 폐열에 흥미를 가지고 더 알아보게 되었다. 일상생활에서는 더운 여름날 에어컨을 작동시킬 때 실외기에서 발생하는 열이나 자동차엔진에서도 상당한 열이 발생되는 것을 확인할 수 있었다. 공장 같은 산업현장에서도 많은 열에너지가 버려지는데 에너지기술연구원에 따르면 국내 총에너지 소모량의 44%를 산업체가 사용하고 있는데 이 중에 5% 정도가 폐열로 버려지는 것으로 알려져 있다.

산업체에서 폐열로 버리는 에너지의 15%만 다시 전기로 바꾸어도 시간당 9200GW(기가와트) 정도의 전기를 얻을 수 있는데 이만한 에너지를 화력발전으로 치면 매년 석유 220만 톤 이상을 수입해야 하는 양이고 원전으로는 고리 1호기 발전량의 약 두 배에 달한다. 이 효과는 연간 10만 2천 톤의 탄소 배출량을 줄이고 이산화탄소 배출량의 17%가 감량되는 등 환경적인 부분뿐만 아니라 제조시설 확충 및 인력 증원, 일자리 창출 등 경제적 부분에서도 효과를 볼 수 있다. 이미 유럽의 여러 국가에서는 폐열을 활용해 새로운 에너지 자

원으로 활용하고 있다. 유럽에서는 '폐열' 재활용이 이미 익숙한 일로, 덴마크는 전력수요의 절반, 핀란드는 총량의 39%, 러시아는 31%를 폐열 에너지로 생산하고 있다.

우리 조는 폐열 발전의 경제적 환경적 차원에서의 효과에 관심을 가지고 탐구의 필요성을 느끼게 되었다. 이에 에너지 전환에 대한 근본적 지식을 기초로 하여 우리 일상에서 쉽게 볼 수 있는 폐열 사례에 집중해 기존에 존재하는 에너지 생산방식에 대한 탐구뿐만 아니라 폐열을 효과적으로 활용하기 위한 다양한 방법들을 연구하고 발생하는 에너지를 효율적으로 쓸 수 있도록 본 탐구를 진행하게 되었다.

2. 탐구의 내용과 탐구 방법

1) 탐구내용
• 폐열에너지 재활용 방안 탐구
• 열에너지와 전기에너지의 관계 탐구
• 펠티어 소자와 그 활용방안 탐구 및 실험 진행
• 실험 결과와 토의를 통한 최종 폐열에너지 활용방안 도출

2) 연구 방법
• 문헌 조사와 일상생활에서의 경험을 통한 실험 설계
펠티어 소자는 온도차를 이용하여 열에너지를 전기에너지로 전환하는 펠티어 효과와 제베크 효과를 이용한다. 이 소자를 사용하여 폐열에너지를 전기에너지로 전환하여 사용한다. 우리는 자동차엔진에서 발생하는 폐열을 이용하여 전기에너지로 전환하려 했지만 학생 신분에서 실험을 진행하기 한계점이 있었고 에어컨 실외기에서 발생하는 폐열에너지와 얼음에서 발생하는 온도 차를 활용하기로 하였다. 얼음을 만드는 데 필요한 에너지보다 폐열에너지를 이용해 발생되는 에너지가 더 많아지도록 실험을 설계했다.

II. 본론

1. 펠티어 소자

뜨거운 열과 차가운 열의 열 차이를 이용해 전기를 발생시키는 장치가 바로 펠키어소자이다. 펠티어 소자의 원리는 간단하다. 펠티어 소자에 열을 가해주게 되면 금속 플레이트에 있는 자유전자가 에너지를 받게 된다.

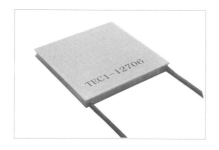 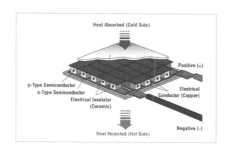

자유전자가 에너지를 받게 되면 다른 곳으로 움직이려고 하는 성향이 커진다. 이때 P형 반도체는 +1가의 성질을 띠므로 앵공이 발생하기 쉬워 플레이트에서 P형 반도체 쪽으로 전자가 이동하게 된다. 이때 플레이트는 전자가 부족해지는데 N형 반도체가 −1가의 성질을 띠므로 N형 반도체에서 플레이트로 전자가 이동한다. 다시 P형 반도체로부터 전자를 받은 플레이트가 N형 반도체에 전자를 내어줌으로 회로에 전류가 흐르게 된다.

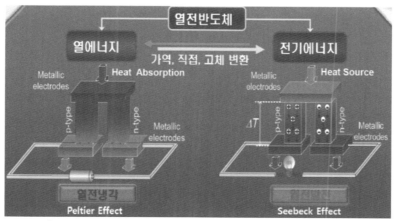

p-type & n-type legs: thermally in parallel, electrically in series

2. 1차 실험 (펠티어 소자의 효율 측정)

1) 준비물
펠티어 소자 1개, 얼음, 뜨거운 물, 4×4cm 구리판 2개, 구리 전선, 전구

2) 탐구방법
• 구리판에 펠티어 소자 1개를 끼워 놓은 후 첫 번째는 얼음만 올려둔 후 차이를 비교해
보고, 두 번째는 뜨거운 물, 마지막으로 얼음과 뜨거운 물을 양 옆에 둔다. 그리고 전기
가 발생되는지 전구를 이용해 확인한다.

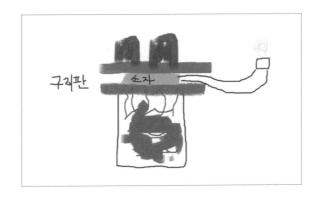

3) 시행결과

실험 방법 \\ 결과	전기의 발생 여부	전구의 밝기
얼음만	X	X
뜨거운 물만	X	X
얼음과 뜨거운 물 이용	O	약 20/100

열 차이가 약 80℃ 이상 되어야 불빛이 나오는 것을 확인했다. 전구의 밝기를 세게 키우
기 위해서는 열 차이를 높여야 하며, 펠티어 소자를 직렬로 더 많이 연결해야 열 효율을 높
일 수 있다는 결론을 내렸다.

〈 효율이 가장 좋았던 3번째 실험 〉

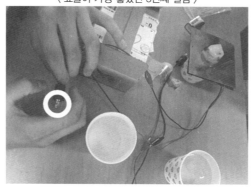

3. 최종 실험(폐열(에어컨 실외기)을 이용해 전기 발생)

1) 준비물

펠티어 소자 16개, 30×20cm 구리판 2개, 구리전선, 많은 양의 얼음, 에어컨 실외기, 서멀 그리스, 전구

2) 연구방법

16개의 펠티어 소자를 직렬로 연결한 후, 서멀 그리스를 이용해 구리판에 붙인 뒤 나머지 구리판으로 덮는다. 그리고 폐열(에어컨 실외기 열)과 많은 양의 얼음을 이용해 전기를 발생시켜 전구를 밝힌다.

첫 번째 폐열로는 태양 빛에 의해 뜨겁게 달궈진 철판을 이용했고, 두 번째로는 에어컨가동으로 인해 뜨거워진 에어컨 실외기를 이용했다.

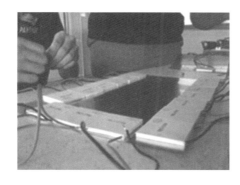

3) 시행 결과

실험 방법 ＼ 결과	전기의 발생 여부	전구의 밝기
뜨겁게 달궈진 철판	O	약 30/100
에어컨 실외기	O	약 30/100

〈 뜨거워진 철판을 이용〉

〈에어컨 실외기 이용〉

III. 최종 결론

최종 실험 결과 펠티어 소자 16개를 사용하여, 열효율이 높아져 전기가 대량 생산될 것이라고 예상했지만, 다른 결과가 나왔다. 그 이유는 온도 차이를 계속 유지해야 했는데, 얼음을 올려둔 차가운 구리판이 태양열에 의해 점점 뜨거워져 온도 차이를 유지해주지 못했다. 예상한 것보다 에어컨 실외기의 온도가 그렇게 높지 않았다. 또한 교육용 펠티어 소자를 사용했기 때문에 효율이 좋지 못했다.

IV. 예상 및 기대효과

최종 결론에서 발생한 여러 가지 요인들을 보완하면 폐열에너지를 더욱 효과적으로 이용할 수 있을 것이다. 높은 폐열에너지가 발생되는 자동차 엔진으로 열효율을 높일 수 있을 것이다. 또한 교육용 펠티어 소자가 아닌 고성능 펠티어 소자를 이용한다면 열효율을 높일 수 있을 것이다. 버려지는 에너지를 이용한 것이므로 경제적이고, 상용화가 된다면 신재생 에너지로 각광받을 것이다.

V. 참고문헌

- Analysis of Peltier Horizontality Cooling for Semiconductor [2017](박상국, 김성철)
- Development of prototype cooling garment for extremely hot environment using Peltier device [2011](정예리)
- Development and Utilization of a Cloud Chamber by Using the Peltier Thermo Electric Cooling Device and Water Cooling Heat Pump System [2015](하종태)
- Temperature Control of Aluminum Plate by PWM Current Control of Peltier Module [2006](방두열, 권대규)

청소년 아르바이트 관련 실태 조사 및 체질 방안 연구

제목 : 청소년 아르바이트 관련 실태 조사 및 체질 방안 연구

I. 연구 동기 및 목적

1. 연구 선정 배경 및 필요성

경제활동을 하는 청소년의 수가 증가하고 있는 추세이다. 그 수가 적지 않음에도 불구하고, 우리 사회의 근로환경은 여전히 열악하다. 법적으로 당연히 지켜져야 할 권리들이 아무렇지 않게 침해받는 사례들이 비일비재하다. 더구나 아직까지 청소년 아르바이트를 바라보는 시선이 곱지만은 않다. 그로 인해 청소년 근로환경을 개선하는 데 적극적인 관심을 갖기보다는 청소년이 아르바이트하는 것이 바람직한가에 대한 의문을 제기하거나, 직업윤리 또는 역량을 거론하며 그들이 낮은 대우를 받는 것은 당연하다는 입장도 없지 않다.

그러나 청소년들이 근로 사회에 들어서는 평균 연령이 낮아지고 그 수가 증가하는 이 시대의 흐름은 청소년들이 일하는 환경을 건전하게 조성해야 할 사회적 책임의 중요도가 높아진다는 의미로 해석 가능하다. 따라서 이제 논의의 초점은 청소년들이 보다 건강한 환경에서 일할 수 있도록 근로환경을 개선하고 권익을 보호하는 데 집중되어야 한다.

2. 연구 동기

여행을 좋아하는 사촌 동생에게 여행 자금을 어떻게 마련하느냐고 물었을 때, 우연히 동생이 근무하는 아르바이트 환경 및 조건을 듣게 되었다. 평소 내가 지레짐작했던 것보다 근무 환경은 더 열악했고, 사촌 동생은 그 불합리함을 인식하지 못하고 있었다. 오히려 그 대우가 뭐가 문제냐고 되물었다. 그때 나는 청소년들이 노동자로서의 법적 권익에 대해 거의 무지하기 때문에 노동시장에서 부당한 대우를 받으면서도 그를 제대로 인식하지 못하고 개선 의식을 가지지 못하는 것이 안타까웠다. 그래서 청소년 아르바이트 관련 실태를 분석하

고 그 결과를 바탕으로 세부적인 정책 제안을 연구해봄으로써, 건전한 청소년 근로환경 조성을 위한 작은 디딤돌과 같은 역할을 하고 싶다고 생각했다.

3. 연구 목적

본 연구는 청소년 근로환경에 대대적인 개선이 필요하다는 문제의식하에 청소년 아르바이트 관련 실태를 파악하고 이를 기반으로 정책 대안을 개발하는 데 목적을 두고 있다.

가. 청소년들을 대상으로 아르바이트 관련 경험 및 인식 설문과 문헌 조사를 통하여 실태를 파악한다.

나. 업주들을 대상으로 고용 관련 경험 및 인식을 조사함으로써 상호적인 입장을 파악한다.

다. 청소년들이 노동자로서 보장받아야 할 법적 권리 및 제도를 파악한다.

라. 청소년들이 당면하고 있는 문제와 정책 욕구를 파악하고, 세부적인 추진 방안을 제안한다.

4. 적합성

통계학과 진학을 계획하는 내게 많은 데이터 속에서 의미 있는 데이터를 선별하고 누군가에게 도움을 줄 수 있을 것이라고 생각하게 되었다. 따라서 청소년 아르바이트 학생과 업주들의 설문조사를 통해 현상을 파악하고 적절한 제도를 만들고 홍보하여 청소년 근무 환경을 개선하는 데 통계조사 결과가 큰 도움을 줄 수 있을 것이라고 생각하게 되었다. 또한 이 연구는 내게 큰 도전이자 꿈을 향한 첫 걸음이 되었다.

II. 이론적 배경

1. 청소년 아르바이트 경험과 청소년 발달의 관계

아르바이트 경험이 청소년기 발달에 미치는 영향을 개괄한다. 청소년들의 아르바이트가 청소년 발달과 교육결과에 미치는 영향에 관한 연구는 그간 심리학, 교육학, 사회학, 경제학 등 관련 분야에서 지속적으로 수행되어 왔다.

가. 학업적 발달

Bachman & Schulenberg (1993)는 청소년의 근로 경험은 성적, 대학진학 계획, 유급경험 등 교육과 관련된 모든 준거에 대해 부정적인 영향을 미친다고 보고하였다. 다만 양자 간의 관계와 관련하여, 이들은 노동 강도가 학업성취도를 저하시키는 원인이 될 수도 있지만, 반대로 과거의 낮은 성취와 학교에의 낮은 흥미가 장시간 노동을 하게 만드는 원인이 될 수도 있다고 하였다. 청소년들의 근로 강도와 생활 습관의 관계에 관심을 기울인 Shoenhals, Tienda & Schneider(1998)의 연구에서는 노동경험이 그 자체로 학업성취를 저하시키지는 않지만, 학교 결석을 증가시키고 이 같은 경향성이 노동이 중단된 이후에도 지속되는 것으로 나타나, 궁극적으로 학교 중도 탈락의 위험성을 높일 수 있음을 경고하였다. 또한 김예성 (2006)의 연구에서도 청소년 아르바이트와 관련한 다양한 요인들이 청소년들에게 스트레스로 작용하여 그들의 전반적인 적응 수준에 부정적인 영향을 미치는 것으로 조사되었다. 이처럼 아르바이트 경험이 인지적·학업적 발달에 부적 영향을 미치는 원인으로는 아르바이트에 쏟는 시간과 에너지가 학교에 대한 정서적 몰입을 감소시키기 때문에, 근로 시간이 증가할수록 학교 참여와 학업성취 수준이 낮아진다는 제로섬(zero-sum) 설명이 대표적으로 거론된다(김예성, 2006). 제로섬 관점은 시간이라는 물리적 측면과 학문적 자기개념과 학문적 열망, 학교에의 몰입, 학업에의 투자 등과 같은 사회 심리적 구성체에 적용할 수 있는데, 청소년의 아르바이트가 과제수행에 사용하는 시간이나 학교 몰입 정도를 저하시킴으로써 학업적 측면에 부정적 영향을 미친다는 입장을 취한다. 이와 관련하여, Marsh(1991)는 시간의 총량이 정해진 상태에서 노동에 할애하는 시간의 비율이 증가하게 되면 이는 필연적으로 과제수행이나 학교활동에 소요되는 시간을 대체함으로써 궁극적으로 학업활동을 저하시키게 된다고 설명한다. 또한 물리적·신체적 에너지가 제한된 상태에서 아르바이트 참여 경험은 피로감을 증가시킴으로써 학업에 대한 집중을 방해하는 요인으로 작용하여 학업 수행에 불리하게 작용한다는 주장도 제기된다.

청소년 근로와 학업적 측면 간에는 부정적 연구결과가 우세하지만, 양자 간에 별다른 관계가 없거나 혹은 긍정적 관계가 존재한다고 주장한 연구도 일부 보고되고 있다. 예컨대

D'Amico(1984)는 청소년 근로가 학업시간이나 학교에서의 활동시간을 감소시킬 수는 있지만, 학업성취에 부정적 영향을 미치지는 않는다고 주장하였고, D'Amico & Baker(1984)는 고등학교에서의 노동경험이 중도탈락 가능성을 감소시키고 학업성취를 평균 이상으로 증진시킬 수 있다고 주장하였다. 또한 Mortimer et al.(1996)도 단시간 노동경험을 지닌 학생들의 성적이 노동경험이 없는 학생들에 비해 오히려 높다는 연구결과를 도출한 바 있다. 제한적이기는 하지만 아르바이트 경험이 학업성취에 긍정적인 영향을 미친다고 주장하는 학자들은 아르바이트를 경험한 청소년들은 학교에서의 성공이 사회에서 좋은 일자리를 얻는 데 필수적이라는 사실을 일 경험을 통해 직접적으로 확인하게 되면서 본인 스스로 학업 성적을 높이고자 하는 동기를 부여받게 된다고 설명한다.

나. 심리·정서적 발달

심리·정서적 측면의 경우에는 연구결과가 다소 혼재되어 있다.

먼저 자아개념의 경우, 아르바이트가 청소년들의 자아개념 발달에 긍정적 영향을 미친다는 연구결과가 다수 관찰된다. 일군의 연구자들은 아르바이트 경험이 청소년들에게 독립성과 책임성, 실제적인 직업 결정, 좋은 습관과 근로 태도들을 육성시켜주며(김기헌, 2003), 자율성과 권한의 증가를 가져오고, 일을 함으로써 변화된 자아개념과 새로운 정체성을 경험하게 함으로써 궁극적으로 사회적 자기개념을 형성하고 발전시키는 데 중요한 역할을 한다고 보았다(Marsh, 1991; 김정현, 2009에서 재인용). 또한 노동영역에서의 성취를 통해 적절한 보상을 받는 경험은 학업성취 영역에서의 실패로 저하되었던 자기효능감을 증진시키는 기제로 작용할 수 있다(Larsen & Shertzer, 1987).

아르바이트 경험이 학교 부적응 학생들에게 미치는 영향에 주목한 류방란·신희경(2011)의 연구도 이러한 맥락에서 이해할 수 있다. 질적 연구를 통해 분석한 이 연구에서 아르바이트 경험은 학교 부적응 학생들의 자존감 증진에 도움이 되는 것으로 나타났다. 이 같은 결과가 도출된 원인과 관련하여 이들은 학교에 적응하지 못하는 학생들이 학교에서는 자존감을 느낄 기회가 거의 없는 데 비해, 아르바이트를 통해 돈을 버는 것은 자신도 무엇인가를 해낼 수 있는 효능감을 느끼는 계기로 작용한다고 설명한다. 또한 아르바이트는 청소년들에게 오감을 충족시키는 재미, 물건을 살 때 느끼는 선택감, 아르바이트로 돈을 벌고 그 돈을 쓰는 데서 오는 통제감 등을 느끼게 해주는데, 이러한 욕구충족이 학교라는 고역을

견디는 원동력으로 작용한다는 것이다(류방란·신희경, 2011).

이 같은 결과를 토대로 이들은 청소년들이 가정과 학교에서 충족시킬 수 없는 자신에 대한 효능감을 아르바이트를 통해 충족시키고 있다고 보고하였다. 아울러 청소년들은 아르바이트를 통해 부모로부터 독립할 수 있을 뿐만 아니라, 가족에게 경제적 도움을 제공함으로써 자신감, 시간엄수, 신뢰성, 개인적 책임감 등 긍정적인 정신건강 발달을 경험할 수도 있다(Greenberger & Steinberg, 1986; 문성호, 2003). 그러나 이와는 달리 국내에서 수행된 조금주(2011)의 연구에서는 아르바이트에 참여한 청소년들이 상대적으로 낮은 자기존중감을 유지하는 등 부정적 관계가 있는 것으로 도출된 바 있다.

다. 사회적 발달

아르바이트 경험은 자신감이나 책임감, 인내력을 키우는 기회가 될 수 있으며, 아르바이트를 통해 만나게 되는 사람과의 관계는 인적 네트워크를 형성하는 데 도움을 줄 수 있다(김정현, 2009). 또한 아르바이트 참여 경험은 가정이나 학교 이외에 성인과 접촉하는 기회를 제공함으로써 청소년들의 사회화에 긍정적 영향을 미칠 수 있다고 설명한다.

이러한 연유로 아르바이트 경험은 사회적 관계 형성에 도움을 줄 수 있다. 또한 아르바이트는 부모와 긍정적 관계를 형성하지 못한 청소년들에게는 부모와의 갈등 상황을 벗어날 수 있는 도피처로 작용함으로써 오히려 관계 악화를 예방하는 데 도움을 주기도 한다. 그러나 이와는 상반되게, 청소년들의 근로 경험은 가족과 보내는 시간을 감소시킴으로써 부모와의 관계를 저하시킨다는 연구결과도 보고된다(Sayfer, Leahy, & Colan, 1995). 이와 관련하여 한경혜(2000)는 일하는 청소년들은 부모를 비롯한 가족구성원들과 상호작용할 시간이 줄어들고 부모의 통제를 덜 받으며, 그로 인해 부모-자녀 간 정서적 유대가 약화되는 경향이 있다고 설명한 바 있다.

라. 청소년 비행

2003년부터 2008년까지 수집된 한국청소년패널조사 데이터를 분석한 바에 따르면, 아르바이트 경험이 있는 청소년들은 그렇지 않은 청소년들에 비해 비행 정도가 높게 나타났으며, 낮은 자기존중감을 보이는 것으로 파악되었고, 부모와의 애착과 감독 정도 또한 아르바이트 경험이 없는 청소년들에 비해 낮은 경향을 나타냈다. 또한 유성렬(2005), 이경상, 박창남

(2005)의 연구에서는 아르바이트를 한 경험이 있는 청소년들이 한 번도 경험하지 않은 청소년에 비해 음주, 흡연, 문제행동이나 폭력에 노출될 가능성이 더 높게 나타났다.

이처럼 아르바이트가 청소년들의 문제행동이나 비행 가능성을 높이는 이유와 관련하여, Steinberg & Greenberger(1980)는 아르바이트 공간 자체가 문제행동을 일으킬 수 있는 장소가 되고, 금전적 보상은 술이나 약물을 구입할 수 있는 경제적 수단으로 작용하며, 청소년들의 물질적 욕구를 증대시켜 문제행동을 일으킬 가능성을 증가시키고, 연장자와 어울리는 기회가 확대되어 불법적인 성인문화와의 접촉 기회로 작용하기 때문이라고 설명한다(김예성, 2006에서 재인용).

한편 국내에서 수행된 김기헌·유성렬(2006)의 연구에서는 한국 사회에서 청소년들이 참여하는 아르바이트 일자리가 대부분 교육적 효과를 기대할만한 것이 못 되기 때문에 문제행동을 유발할 소지가 있다고 설명한다. 청소년 아르바이트와 문제행동의 관계가 아르바이트 유형과 종류에 따라 차이가 있다는 일각의 연구 결과는 아르바이트 일자리의 성격에 따라 비행이 유발된다는 주장을 일부 뒷받침하는 연구로 볼 수 있다.

마. 진로·직업 발달

아르바이트는 청소년들이 자신의 미래를 구체화하고 준비해가는 기회로 작용한다. 이와 관련하여 육혜련(2014)이 가출청소년들의 아르바이트 경험에 대해 질적 연구를 수행한 바에 따르면, 가출청소년들은 아르바이트 과정에서 청소년이기 때문에 감내해야만 하는 열악한 근로환경과 제한된 직업군, 부당 노동행위와 같은 현실의 장벽 앞에서 포기하고 돌아서서 자신의 가정으로 복귀하는 일반 청소년들과는 달리 가출청소년이기 때문에 자신의 삶에 책임을 져야 한다는 막중한 임무를 가지고 현실에 적응해 가는 양상을 나타냈다.

또한 아르바이트와 진로 발달의 관계를 규명한 연구에 따르면, 아르바이트 경험은 직업에 대한 태도, 의견, 관습에 일정 부분 유의미한 영향을 미치는 것으로 파악되었다. 구체적으로, 아르바이트 경험이 많은 학생들은 '여가와 취미가 희생된다면 직장을 옮길 수도 있다'는 문항에 대해 긍정적 반응을 나타내고, '직업만큼 결혼이 중요한 것이다'라는 데는 부정적 반응을 나타내, 아르바이트 경험이 여가지향적인 직업 태도를 비롯해 직업 의견이나 관습에 영향을 미치는 것으로 조사되었다(장원섭, 1999; 구효진·최진선, 2006에서 재인용). 아울러 아르바이트는 청소년의 직업의식에도 영향을 미치는 것으로 보고된다. 장원섭 (1999)

이 청소년의 아르바이트 경험이 직업의식에 미치는 영향을 분석한 결과에 따르면, 고등학생들의 아르바이트 경험은 학생 자신의 진로와 직업에 대해 구체적으로 생각하게 하는 계기로 작용하는 것으로 보고된 바 있다. 또한 직업의 가치를 가족의 생계와 노후를 대비하기 위한 '안정적 가치', 일 자체에서 의미를 추구하는 '내재적 가치', 경제적 자립이나 사회적 지위를 확보하기 위한 '사회경제적 가치'로 구분하여 고등학생의 직업 가치를 연구한 결과, 아르바이트 경험이 3회 이상인 학생은 사회경제적 가치를 보다 중시하는 것으로 나타났다(장원섭, 1999).

이러한 결과는 아르바이트 경험이 고등학생이 좀 더 현실적이고 외재적인 직업가치관을 형성하는 데 도움이 됨을 시사한다. 청소년기는 발달 단계상 새로운 것에 대해 두려워하며 갈등을 겪는 시기이지만, 동시에 끊임없이 새로운 것을 추구하는 시기이기도 하다. 이러한 발달 단계에서 청소년들이 아르바이트를 경험하며 배우게 되는 직업의식은 유아기와 아동기 동안 그들이 가지고 있던 부모에 대한 의존적인 사고에서 벗어나, 미래에 필요한 근로의식, 책임감, 자기희생정신, 성실함 등을 습득할 수 있는 좋은 기회라는 측면에서 중요한 의미를 지닌다(구효진·최진선, 2006).

한편 청소년기 아르바이트 경험이 진로 발달을 매개하여 추후 노동시장 성과에 영향을 미칠 수 있다는 견해도 제기된다. 근로 경험은 청소년들에게 자신의 진로에 대해 좀 더 구체적으로 생각해보는 기회를 제공해줄 뿐만 아니라, 직업 세계의 현실을 보다 분명히 이해할 수 있고, 미래의 직업을 결정하는 데 중요한 영향을 미치며, 졸업 후 직업생활을 하는 데 긍정적인 영향을 미친다는 점에서 교육적인 효과가 있다는 것이다(김정현, 2009). 해외에서는 이와 관련한 연구들이 다수 축적되어 왔는데, 대다수의 연구들이 중·고등학교에서의 노동경험이 졸업 이후 고용 상황과 임금에 대해서 대체로 긍정적 효과가 있음을 보여준다. 그 이유는 재학 중 노동경험으로 인해 청소년들이 직업과 관련된 기술과 지식을 향상시킬 기회를 부여받기 때문이다(박창남, 2010).

이와 관련하여, 10년간의 종단자료를 분석한 Carr, Wright, & Brody(1996)의 연구는 청소년들의 아르바이트 경험은 미래를 준비하는 데 도움이 될 수 있으며, 특히 노동시장 성과를 증진시키는 데 기여한다고 보고한 바 있다. 고등학교 기간 동안의 시간제 고용의 경험은 졸업 이후의 취업과 직업 및 급여에 긍정적인 영향을 미친다는 것이다. 이 같은 결과는 긍정적인 청소년기 아르바이트 경험은 미래를 준비하는 데 기여할 수 있음을 시사한다.

바. 경제의식 및 소비습관

아르바이트는 청소년의 경제의식이나 소비행동 및 소비의식과도 밀접한 관련이 있는 것으로 거론된다. 이와 관련해서는 흔히 아르바이트를 하는 청소년의 다수가 소비 욕구 충족을 위해 아르바이트를 하며, 이렇게 번 돈은 지출에 대한 정확한 계획 및 목적 없이 순간적으로 소비한다는 인식이 존재한다. 또한 Greenberger & Steinberg(1986)은 청소년들이 스스로 돈을 버는 경험은 부모에 대한 경제적 의존을 감소시키는 경향이 있긴 하지만, 돈을 자유롭게 쓸 수 있게 되면서 오히려 부모에게 용돈을 받을 때보다 더 높은 수준의 소비를 유지하기 위해 더 많은 돈을 사용하게 만드는 결과를 초래한다고 주장한 바 있다(김정현, 2009에서 재인용). 이러한 연유로 청소년들은 아르바이트를 돈벌이의 규모나 일의 성격과는 관계없이 용돈을 벌거나 다른 무언가를 사기 위한 수단적인 의미로 간주하는 경우가 많고, 아르바이트를 하는 청소년들은 올바른 경제의식이 부족하다는 지적도 제기되었다(구효진·최진선, 2006).

그렇지만 이러한 사회적 관념과는 달리, 실제 수행된 연구 결과는 아르바이트가 청소년의 경제관념 발달에 긍정적으로 작용할 소지가 있음을 보고한다. 이와 관련하여 김정현(2009)은 청소년들이 아르바이트를 통해 돈을 버는 경험은 그것이 곧 계획적 소비행위로 이어지지는 않더라도, 적어도 기존에 가지고 있던 '돈에 대한 인식'을 변화시키는 데는 기여함으로써 청소년들의 경제관념 발달에 긍정적으로 작용할 수 있다고 주장한다.

또한 구효진과 최진선(2006)의 연구에서는 아르바이트 경험이 있는 청소년들은 아르바이트 경험이 없는 청소년들보다 적극적인 방법으로 자신들의 소비욕구를 해결하고 저축도 더 많이 하는 것으로 파악되었다. 같은 맥락에서 도종수(2001)는 아르바이트를 경험한 청소년들은 친구관계가 늘어나고 소비수준이 높아지며 경제관념이 획득되는 등의 영향을 받는다고 하였다. 한편 한경혜(2000)가 청소년의 아르바이트 과정과 의미에 대해 질적 연구를 수행한 결과에 따르면 대부분의 청소년들이 소비욕구를 충족하기 위한 목적에서 아르바이트에 참여하지만, 뚜렷한 목표를 가지고 아르바이트에 참여하는 경우와 아르바이트 과정에서 어려운 책임을 수행하는 경우, 또는 부모가 긍정적이고 적극적으로 관여하고 지지하는 경우에는 소비생활에서도 긍정적인 경험을 하는 것으로 나타났다.

1. 청소년 아르바이트 실태 파악

가. 청소년 아르바이트 관련 경험 및 인식 설문조사

고등학교에 재학 중인 2학년 학생들을 대상으로 청소년 노동시장의 긍정적 변화를 위한 '청소년 아르바이트 관련 실태 조사'를 실시하였다. 응답자의 기본 인적사항, 종사한 업종, 근로 기간, 부당대우 경험 유무와 그 종류, 최저임금 지급 유무, 근로계약서 작성 유무, 아르바이트를 하는 이유 등을 설문하였다. 아울러 추가적으로 2013년도 한국청소년정책연구원에서 수행한 청소년 아르바이트 관련 데이터와의 비교를 통해 청소년들의 아르바이트 경험 및 인식 양상의 변화 추이를 분석하였다.

안녕하세요. 저는 '청소년 아르바이트 실태 조사 및 체질 개선방안'에 대한 연구를 위해 설문조사를 하고 있습니다. 본 설문 조사와 관련된 모든 정보는 연구 이외의 용도로만 사용됩니다. 여러분의 답변이 저의 연구에 큰 힘이 되오니 번거로우시더라도 성의 있게 답변해주시길 부탁드립니다. 감사합니다.

---

1. 인적사항

1) 귀하의 성별은 어떻게 되나요?

① 남자　　② 여자

2) 귀하의 나이를 기재해주세요. (　　)세

3) 귀하는 아르바이트 경험이 있나요?

① 예　　　② 아니요

2. 청소년 아르바이트 실태조사

1) 종사했던 아르바이트의 종류는 무엇인가요?

① 편의점　　② 식당　　　③ 카페　　　④ 기타

2) 근로기간은 어떻게 되나요? (   )개월

3) 아르바이트 기간 중 부당한 대우를 받은 경험이 있나요?
① 예   ② 아니요

4) (3번 문항 ①번을 선택한 사람에 한하여) 어떠한 부당 대우를 경험했나요? (중복가능)
① 손님 또는 고용주로부터 수치심을 느낄만한 발언을 들었다.
② 근무시간에 할당되는 시급(최저시급)을 지급받지 못했다.
③ 근무하기로 정해진 시간 외에 초과근무를 하였다.
④ 근무와 관련되지 않은 사적인 일 또는 행동에 대해서 해고 협박을 받았다.
⑤ 기타(   )

5) 아르바이트 기간 중 최저임금을 지급받았나요?
① 예   ② 아니요

6) 아르바이트 시작 당시 근로계약서를 작성하였나요?
① 예   ② 아니요

7) 아르바이트 시작 이유는 무엇 때문인가요?
① 내 취미생활에 투자할 여윳돈을 마련하기 위해서
② 생계유지 또는 가정 살림에 보탬이 되기 위해서
③ 사회경험을 미리 경험해보기 위해서
④ 진로를 찾기 위해서
⑤ 기타(   )

감사합니다~^^

나. 업종별 청소년 아르바이트 관련 실태 조사

2014 한국청소년정책연구원에서 수행한 청소년 아르바이트 실태 조사 데이터를 활용하여 청소년들이 아르바이트하는 업종별 구직경로, 근로환경 및 근로조건, 임금, 안전, 근로권익 보장 실태 등을 묻는 심층 면접조사 데이터를 정리 및 분석하였다.

2. 청소년 아르바이트에 대한 고용주들의 인식 조사

가. 청소년 고용에 대한 관련 경험 및 인식 인터뷰

현재 청소년을 아르바이트생으로 고용하고 있는 고용주들을 대상으로 '청소년 아르바이트생 고용 관련 인식조사'를 실시하였다. 청소년 아르바이트생과 성인을 비교하였을 때 격차 여부와 그 정도, 청소년 아르바이트생이 성인과 같은 최저시급을 받는 것에 대한 의견과 그 이유 등을 인터뷰하였다. 고용주들이 바라는 청소년 노동사회가 청소년 아르바이트생들이 바라는 사회와 어떠한 면에서 차이가 있는지 비교 분석하였다.

3. 청소년 아르바이트 관련 법률 및 정책 분석

가. 법률 관련 문헌 조사

노동자라면 누구나 보장받을 수 있는 법적 권리와 제도 그리고 청소년 노동자로서 특별히 보장받을 수 있는 권리 등을 문헌을 통해 조사하였다. 「근로기준법」, 「최저임금법」, 「기간제 및 단시간 근로자 보호 등에 관한 법률」, 「청소년보호법」, 「고용보험법」 등에 나타난 청소년 아르바이트 관련 법률들을 정리하였다.

4. 청소년 근로사회 개선을 위한 과제 도출

가. 청소년 아르바이트 실태와 관련 법률 비교 및 분석

청소년 아르바이트 실태와 청소년 아르바이트 관련 법률 및 제도를 비교 및 분석하여 현재 청소년 근로사회의 문제점을 파악하고 이를 개선하기 위한 과제를 도출하였다.

나. 전문가 자문

2014 한국청소년정책연구원에서 청소년 아르바이트 관련하여 개최하였던 정부부처, 학계, 교사, 청소년노동인권 현장 활동가 등을 대상으로 하는 전문가 자문회의의 서기 기록을 분석한다.

Ⅳ. 연구 결과

1. 청소년 아르바이트 실태

가. 청소년 아르바이트 관련 경험 및 인식 설문조사(150명의 청소년 대상)

구분	내용
조사 대상	전국 시도, 만 14세~18세 사이의 재학 중인 청소년
표본 크기	총 150명
조사 방법	구조화된 웹 설문지를 통한 온라인 조사 인쇄된 설문지를 통한 오프라인 조사
자료 처리 방법	수집된 자료는 프로그래밍 과정을 거쳐 통계 패키지 SPSS에 의해 통계 처리
조사 기간	2017년 7월 1일 ~ 10월 31일

1) 아르바이트 경험 여부

① 경험이 있다.(41.7%)　　② 경험이 없다.(58.3%)

2) 아르바이트 경험 업종

① 식당(36%)　　② 편의점(32%)　　③ 기타(28%)　　④ 카페(4%)

3) 아르바이트 부당대우 경험 여부

① 경험이 있다.(80%)　　② 경험이 없다.(20%)

4) 겪은 부당대우 종류

① 손님 또는 고용주로부터 수치심을 느낄 만한 발언을 들었다.(45%)

② 최저시급을 지급받지 못하였다.(25%)

③ 근무하기로 정해진 시간 외에 초과 근무를 하였다.(20%)

④ 기타(10%)

5) 청소년 노동시장 여건 개선에 대한 인식

① 필요하다.(100%)　　　② 필요하지 않다.(0%)

6) 청소년 노동시장 개선을 위한 방안 마련·매체

① 법(86.4%)　　② 광고(6.8%)　　③ 캠페인(6.8%)

7) 청소년 노동시장 개선 방안 마련을 위한 한마디(서술 답 일부 발췌)

- 청소년의 아르바이트에 대한 권리보장 법안이 있으나, 법을 밀접하게 접할 일이 없기에 이를 몰라 부당한 대우를 받는다 생각합니다. 따라서 청소년들이 자신의 노동에 대한 정당한 대가를 받을 수 있도록 관련 법안을 알 수 있도록 교육하는 캠페인이 필요하다 생각합니다.

- 아르바이트생이 손님에게 부당한 일을 당할 시 대처할 수 있는 법안이 있어야 합니다.

- 청소년 근로는 고용주가 국가나 지자체에 신고 후 급여를 세금으로 추가로 징수하고 청소년에게 급여는 국가에서 지급하게 해야 정당한 노동 대가를 받을 수 있습니다.

- 부당한 대우에 대해 처벌, 혹은 보상을 받을 수 있는 법을 많이 알려야 한다고 생각합니다.

- 떼인 돈을 받기 위해 몇 달을 고생한 친구들을 보았습니다. 최저임금 미보장 시 영업정지 등 지금보다 더 강력한 노동자 보호 정책이 있어야 하고, 떼인 돈을 받는 과정을 최대한 간소화하여 업주에게는 강력한, 노동자에게는 맘 편히 받을 수 있는 법이 마련되어야 한다고 생각합니다.

- 일단 법이 확실하게 입각된 이후 모든 사람이 "어! 저렇게 하면 부정이잖아!" 하고 알 수 있도록 알려야 합니다.

- 부당한 대우에 대해 신고를 했을 때 신고자를 보호해줘야 합니다.

- 이미 관련 법안들이 충분히 제정되었음에도 불구하고 현실은 열악합니다. 노동부 측에서 고용주와 아르바이트생을 직접 접촉하여 조사하고 벌금 혹은 영업정지 시스템을 강화해야 합니다.

- 주휴수당이 법으로 정해져 있음에도 불구하고 지키지 않는 고용주들이 정말 많기 때문에 차라리 자주 접할 수 있는 광고로 자극을 주는 게 좋을 것 같습니다. '주휴수당 미지급 시 가게를 닫을 수도 있다'와 같이 좀 자극적으로 광고할 필요가 있다고 생각합니다.
- 법은 잘 모르지만 근무 외 추가적인 일을 시켰으면 그에 대해 정당한 비용을 지급해주길 바랍니다. 이에 대해 법적으로 제재해 주었으면 좋겠습니다. 적발 시 두 배 이상으로 지급해주는 방법이나 등등.
- 성희롱, 성추행, 갑질 관련된 법들을 사람들에게 많이 알리면 좋겠습니다. 이러한 법이 있으니 이런 짓을 하는 경우 벌금을 물 수 있다는 확실한 인식을 시켜줄 수 있는 캠페인이 필요합니다.
- 최저시급이나 근무시간 등 지켜지지 않고 있는 것들을 법제화하여 더 강하게 체벌하거나 더욱 꼼꼼히 조사하여야 합니다.
- 광고를 체계적으로 만들어 자주 홍보가 되면 좋겠습니다.
- 우선 공익광고로 하여 청소년이 겪는 아르바이트 문제를 대중들도 느낄 수 있도록 하는 것이 좋을 것 같습니다.
- 통신원 전화 연결 전에 '사랑하는 우리 엄마가 연결해드립니다' 등의 멘트를 넣음으로써 실제 욕하는 사람이 줄었던 캠페인이 있었는데 그런 것처럼 사람들이 다시 생각할 수 있게끔 만드는 캠페인이 만들어졌으면 좋겠습니다.

나. 업종별 청소년 아르바이트 관련 실태 심층 면접 조사

1) 조사 개요

2014년 8월 22일 ~ 9월 26일까지, 면접당 약 1시간 30분 ~ 2시간 정도 소요되었다. 면접 장소는 피면접자의 집이나 거주지 인근의 카페, 학교 등에서 대면으로 진행하였다. 면접 조사 대상자 섭외는 알바신고센터에 접수된 신고자와의 접촉, 알바지킴이 활동 참여자 접촉, 피면접자의 소개, 설문 조사 업체의 소개, 거리 섭외 등을 통해 이루어졌다.

2) 조사 내용

심층면접 조사의 내용은 업종별 실태 조사의 설문 조사 내용을 기본 틀로 하여 양적 조사를 보완하는 목적으로 수행되었다. 따라서 조사 내용은 구직경로, 근로환경 및 근로조건,

임금, 안전, 근로권익 보장이다.

2. 청소년 아르바이트에 대한 고용주들의 인식

가. 청소년 고용에 대한 관련 경험 및 인식 인터뷰(편의점 점주 대상)

Q1) 현재 파트타임 아르바이트생들 중에 청소년 아르바이트생이 몇 명 있나요?

평일, 주말해서 총 6명 아르바이트생이 있고, 그중 4명이 청소년 아르바이트생들이에요.

Q2) 청소년 아르바이트생과 성인 아르바이트생을 비교하였을 때 노동 역량에서 큰 차이가 있나요?

편의점이다 보니까 근무 역량은 나이보다는 경험에 좌우하죠. 그것도 단순 업무다 보니 몇 개월 이상만 하면 일도 다 비슷비슷하게 해요. 그러니 청소년이랑 성인을 비교해도 역량에서는 별 차이는 없어요. 그런데 청소년을 고용할 경우에는 대부분 근무기간이 비교적 좀 짧아요. 그렇다 보니 경험이 몇 번 있지 않는 이상 고용을 잘 안 하려고 하죠. 익숙해질 즈음에 다 그만둬버리니까.

Q3) 청소년 아르바이트생이 성인과 같은 최저시급을 받는 것에 대해 어떻게 생각하세요?

최저시급은 청소년이라도 줘야 하는 게 맞긴 하죠. 저도 몇 가지 조건하에 지급을 하고 있고요. 그런데 대부분 안 주려고 해요. 최저시급을 굳이 다 주지 않아도 일을 하려고 하니까 다 챙겨주는 게 아깝다고들 많이 생각해요.

3. 청소년 아르바이트 관련 법률 및 정책

가. 청소년 근로 보호 관련 법제 현황

1) 근로기준법

근로기준법의 적용을 받는 근로자는 하는 일이 무엇이든 "임금을 목적으로" 일하는 사람이라고 정하고 있다. 따라서 18세 미만의 일하는 청소년(근로기준법상 "연소근로자", 이하 연소근로자)은 근로기준법의 모든 규정을 적용받을 뿐 아니라 동법 제5장(여성과 소년)에서 취업

가능한 연령과 노동시간, 독자적인 임금 청구 등을 명시하여 연소자의 노동권을 보호하고 있다.

   ① 노동 가능한 최저 연령과 취직인허증

   ② 유해하고 위험한 일 금지 등

   ③ 일하는 시간 등의 제한

   ④ 근로계약서 서면 교부와 위약 예정의 금지

   ⑤ 독자적 임금 청구

2) 최저임금법

최저임금은 노동자의 생계비, 유사노동자의 임금 및 노동생산성을 고려, 사업의 종류별로 구분하여 최저임금심의위원회의 심의를 거쳐 노동부장관이 정하도록 규정하고 있다. 심의위원회는 근로자·사용자·공익을 대표하는 근로자위원·사용자위원 ·공익위원 등 각 9인으로 구성된다. 특히, 사용자가 이 법에 의한 최저임금을 이유로 종전의 임금 수준을 저하시킬 수 없도록 규정하고, 이를 위반한 자는 3년 이하의 징역 또는 1,000만 원 이하의 벌금에 처하거나 이를 병과할 수 있도록 하였다. 또, 최저임금의 적용을 받는 근로자와 사용자 사이에 최저임금액에 미달하는 임금을 정한 근로계약은 그 부분에 한하여 무효가 됨을 규정하고 있다. 그러나 신체의 장애 등으로 근로능력이 현저히 낮은 자에 대한 최저임금의 적용은 제외하고 있다.

총칙, 최저임금, 최저임금의 결정, 최저임금심의위원회, 보칙, 벌칙 등 6장으로 나뉜 전문 30조와 부칙으로 되어 있다.

3) 직업안정법

직업안정법은 직업소개, 직업지도 등 직업안정을 도모하기 위해 만들어졌다. 근로기준법과 직업안정법 제21조의3(연소자에 대한 직업소개의 제한) ① 제18조 및 제19조에 따라 무료직업소개사업 또는 유료직업소개사업을 하는 자와 그 종사자(이하 이 조에서 '직업소개사업자 등'이라 한다)는 구직자의 연령을 확인하여야 하며, 18세 미만의 구직자를 소개하는 경우에는 친권자나 후견인의 취업동의서를 받아야 한다. ② 직업소개사업자 등은 18세 미만의 구직자를 「근로기준법」 제65조에 따라 18세 미만자의 사용이 금지되는 직종의 업소에 소개하여서는 아니 된다. ③ 직업소개사업자 등은 「청소년 보호법」 제2조 제1호에 따른 청소년인 구직자를 같은 조 제5호에 따른 청소년유해업소에 소개하여서는 아니 된다.

4) 청소년보호법

청소년보호법은 유해한 환경으로부터 청소년을 보호할 목적으로 만들어진 법으로 연소근로자에 대한 직접적인 보호 규정을 명시하고 있지 않다. 다만 청소년에게 유해한 업소의 출입과 고용을 금지하는 업소를 규제하고 있어 근로기준법상 연소근로자 사용금지 직종과 연관되어 있다. 또한, 청소년보호법상 청소년은 만 19세 미만으로 근로기준법의 만 18세 미만 연소근로자 규정과 다르게 정하고 있다.

4. 청소년 근로사회 개선을 위한 과제 도출

- 단기 아르바이트도 근로계약서를 작성하고 일을 할 수 있는 사회
- 아르바이트의 인권도 보장받을 수 있는 사회
- 노동시장의 문화 개선을 통한 아르바이트생도 인권이 있다는 것을 알고 있는 사회

V. 연구 결론

많은 청소년들이 아르바이트 경험을 하고 있다. 그런데 아르바이트를 하면서 근로계약서를 작성한 적이 없는 경우가 많다는 것을 알게 되었다. 그래서 언제 잘릴지 모르는 열악한 상황 속에서 일을 하고 있다. 따라서 청소년들이 부당한 대우를 받지 않고 정당한 권리를 행사하면서 아르바이트를 할 수 있는 노동시장 문화가 형성되기를 바란다. 그리고 제도적으로 법이 보완되어 권리를 보장받고 퇴직금도 받을 수 있는 문화가 형성되기를 바라고 있다.

VI. 참고문헌

- 구효진, 최진선(2006). 아르바이트 경험과 청소년들의 경제의식 및 근로의식 간의 관계
- 김예성(2006). 학교청소년의 시간제 노동 경험과 적응에 관한 연구. 서울대학교 대학원 박

사학위 청구논문.

- 문성호(2003). 청소년의 노동시장 참여와 비행

- 이경상, 유성렬, 박창남(2005). 청소년 아르바이트 참여경험의 실태 및 학교부적응 관련 효과

- 노동부(2009). 2009 청소년 아르바이트 실태 조사

탐구보고서
작성 워크북

교과 지문을 활용한 탐구보고서

 저는 항공우주공학 기술자가 되고 싶은데, 독서 교과에서 진로 발표하기가 있는데 어떤 주제가 좋을까요.

 독서, 교과서, 수능 지문 중에서 진로와 관련된 내용을 찾아보면 좋을 것 같아요.

 네! 수능특강 기술파트에 '어그제틱 재료'에 대한 내용을 관심 있게 읽었어요.

 그럼 '어그제틱 재료'를 주제로 탐구보고서에 맞는 자료들을 수집하면 좋을 것 같아요.

 저는 구글에서 자료를 많이 찾아 보았는데, 관련 자료를 찾기 힘들어요.

 공공기관의 보고서 자료나 논문에서 찾아보는 것도 좋아요.

 아! 공공기관의 보고서나 논문을 활용하는 방법도 있었네요. 그럼, 내용만 정리하면 되나요?

 지문을 분석한 내용 정리도 중요하지만 자료와 지문을 분석하면서 진로에 관련된 내용이나 새롭게 알게 된 사실을 보고서에 넣는 것도 좋아요.

 보고서에 더 추가할 내용은 어떤 것이 좋을까요?

 지문이 자신의 진로에 끼친 영향이나 활동 후, 더 관심을 가지고 심화 활동을 하는 것도 좋아요.

독서지문 분석을 통한 자신의 진로 발표하기_어그제틱 재료

활동명	수능특강(독서지문) 분석 및 자신의 진로 연관 부분 발표	발표 날짜	년 월 일
		분야/제목	어그제틱 재료

활동 전 나의 준비 (참고자료/매체, 발표 매체)	1. 구글의 이미지를 활용했으며, 위키백과에 나온 쉽게 풀이한 정의를 이용함. 2. 한국건설기술연구원의 어그제틱 기술개발 최종보고서를 참고함. 3. '역학 메타물질(이진우 교수)'이라는 논문과 '3D프린팅 기술과 격자 구조체(재료 연구소)'의 논문을 참고함.
지문 분석 (핵심어, 개념, 문단 분석, 내용구조도 등)	1. 재료가 장력의 작용에 따라 그 방향으로 늘어날 때 가로 방향 변형도와 세로 방향 변형도 사이의 비율을 푸아송비라고 함. 2. 푸아송비의 종류에는 양의 푸아송비와 음의 푸아송비가 있으며 일반적인 재료의 경우 양 값을 가지며 특수한 물질(어그제틱 재료) 같은 경우 음의 값을 가짐. 3. 어그제틱 재료의 특징으로는 충격완화 효과, 필터 성능 회복, 초경량, 그리고 3D프린터로 쉽게 제작이 가능하다는 점이 있음.
진로 및 전공과 관계된 내용 (새롭게 알게 된 사실 등)	어그제틱 기술은 처음 들어보는 기술이었으며, 신소재로써 적합한 특징들인 초경량, 충격완화 등을 새롭게 알게 됨. 매우 뛰어난 특징을 가진 어그제틱 기술을 항공우주 분야에 관련된 기술로 도입한다면 안정성을 높이고 비용을 절감할 수 있을 것이며, 편하게 활동할 수 있도록 도울 것임.
자신의 진로에 끼친 영향	진로가 항공우주공학기술자로서 항공우주 분야에서 신기술을 개발하는 사람이 되고 싶습니다. 그래서 아직 개발 중인 '어그제틱 재료'를 이용한 신기술들을 개발해 미래 항공우주기술에 큰 보탬이 되고 싶습니다. 특히 어그제틱 재료의 특징인 초경량과 충격완화 효과를 이용해 우주와 같이 외부로부터 받는 피해를 줄이는 기술을 개발하고 싶습니다. 인공위성, 탐사선, 그리고 우주복 같은 경우를 어그제틱 재료로 만든다면 보다 더 안전하고 편리한 환경에서 우주를 탐사할 수 있을 것입니다.
활동 후 다짐과 실천	어그제틱 기술이 빨리 개발되어 상용화가 될 수 있도록 열심히 공부하기로 결심했으며 앞으로 항공우주 분야에 필요한 기술들을 더 찾아보는 노력을 할 것임.

활동명		발표 날짜	
		분야/제목	
활동 전 나의 준비			
지문 분석			
진로 및 전공과 관계된 내용 (새롭게 알게 된 내용)			
자신의 진로에 끼친 영향			
활동 후 다짐과 실천			

활동명		발표 날짜	
		분야/제목	
활동 전 나의 준비			
지문 분석			
진로 및 전공과 관계된 내용 (새롭게 알게 된 내용)			
자신의 진로에 끼친 영향			
활동 후 다짐과 실천			

학과 탐색 탐구보고서

학과 탐색	( ) 학과					
선정 동기	공통과학 시간에 로봇과 인공지능의 도입으로 사회가 빠르게 변화되고, 일자리도 줄어들게 된다는 내용을 알게 된 후 인공지능에 대해 자세히 알아보고자 '다빈치가 된 알고리즘' 책을 읽으며 탐구함.					
학과 연계성	정보에서 파이썬으로 하트만들기를 해보았는데, 생각보다 깊이 공부해야 함을 깨닫게 되었다. 파이썬에 대해 더 학습이 필요함을 알게 된 후, 정보동아리에 가입하여 학습함.					

〈 인공지능 및 SW공학과 〉

구분	1-1	1-2	2-1	2-2	3-1	3-2
기초	국어 수학 영어 한국사	국어 수학 영어 한국사	문학 수학I 영어I 확률과 통계	언어와 매체 수학II 영어II 미적분	독서 기하 영어독해 수학과제탐구	독서 고급수학 실용영어
탐구	통합사회 통합과학 과학탐구실험	통합사회 통합과학 과학탐구실험	 물리학I 화학I 과학과제탐구	 지구과학I 정보 과학과제탐구	사회문화 사회문제탐구 물리학II 화학II 정보과학	생활과 윤리 고급물리 고급화학 융합과학

〈 학과〉

구분	1-1	1-2	2-1	2-2	3-1	3-2
기초	국어 수학 영어 한국사	국어 수학 영어 한국사				
탐구	통합사회 통합과학 과학탐구실험	통합사회 통합과학 과학탐구실험				

진로 로드맵

학과 탐색	( ) 학과					
선정 동기	영어 의학 동아리에서 '인간의 유전자 조작에 의한 맞춤아기 탄생', '낙태에 관한 대중적 인식의 변화', '종교에 의한 치료 거부' 등 다양한 주제에 대해 토론활동을 하면서 의사 진로를 확신함.					
학과 연계성	낙태법에 관심을 가지고 '로 대 웨이드' 판결을 살펴보면 '체외생존 가능성'을 기준으로 낙태 허용 여부를 결정하게 된다는 것을 알게 됨. 28주 이후에는 태아의 체외 생존이 가능하지만, 그 전까지는 절대적으로 산모의 프라이버시권으로 낙태를 허용할 수 있다는 것을 알게 됨. 이후 의료 법안에도 관심을 가짐.					

〈 의학과 〉

구분		1-1	1-2	2-1	2-2	3-1	3-2
기초		국어 수학 영어 한국사	국어 수학 영어 한국사	문학 수학I 영어I 확률과 통계	언어와 매체 수학II 영어II 미적분	독서 기하 영어독해 수학과제탐구	독서 고급수학 실용영어
탐구		통합사회	통합사회		법과 정치	생활과 윤리	사회문제탐구
		통합과학 과학탐구실험	통합과학 과학탐구실험	물리학I 화학I 과학과제탐구	생명과학I 정보 생명과학 실험	생명과학II 화학II 고급생물과학	고급화학 융합과학

〈 학과〉

구분		1-1	1-2	2-1	2-2	3-1	3-2
기초		국어 수학 영어 한국사	국어 수학 영어 한국사				
탐구		통합사회	통합사회				
		통합과학 과학탐구실험	통합과학 과학탐구실험				

진로 로드맵

탐구활동 과제연구 보고서

탐구보고서	내용
탐구 주제	
탐구 동기	
탐구 방법	

탐구 결과	
탐구 결론	
느낀 점	
더 알고 싶은 점	

탐구보고서	내용
탐구 주제	
탐구 동기	
탐구 방법	

탐구 결과	
탐구 결론	
느낀 점	
더 알고 싶은 점	

PART
4

:

논문읽기
활동이란?

▎논문읽기 활동

　　최근에 가짜 뉴스가 난무하고 있다. 뉴스가 진짜인지, 가짜인지 검증하기 위해서는 논문을 통해 검증할 수 있다. 그런데 논문은 어렵다는 선입견에 볼 생각을 하지 않는 학생들이 많다. 논문은 앞부분에 초록이라고 하여 이 논문을 작성하게 된 배경, 어떤 점을 알게 되었는지 등을 정리한 한 페이지 분량의 소개글이 있다. 이 부분만 보더라도 어느 정도 "내가 궁금한 것을 검증할 수 있다." 따라서 논문을 통해 궁금한 내용을 합리적이면서 논리적으로 정리된 글을 읽는다고 생각하고 접근하길 권한다.

▎논문 학습의 필요성

① 빠르게 변화하는 사회에서 시대의 흐름을 읽어낼 수 있다.
　－ 최근 어떤 주제의 논문이 많이 나오는지를 통해 확인할 수 있다.
② 사회가 필요한 문제에 대해 보다 정확한 해답을 얻을 수 있다.
　－ 전문적인 데이터를 바탕으로 결과를 통해 보다 정확한 해답을 얻을 수 있다.
③ 협업능력을 기를 수 있다.
　－ 스터디그룹을 구성하여 비슷한 진로를 가진 친구들끼리 공부하면서 프로젝트를 기획하고 대화와 토론을 하면서 협업능력을 기를 수 있다.
④ 논리적인 사고력을 신장시킬 수 있다.
　－ 프로젝트 결과를 보고서로 작성하면서 논리적인 글쓰기 능력을 기르고, 발표하면서 발표력까지 기를 수 있다.

PART
5

·
·
·

논문 읽기
활용 사례 엿보기

논문 읽기를 활용한 탐구보고서

 논문을 읽고 발표 수업을 해야 하는데 많은 논문 중에서 어떤 것을 읽어야 할지 모르겠어요.

 지금 우리 주위에서 일어나는 일 중에서 관심이나 호기심을 가지고 있는 문제가 있을까요? 진로와 관련된 소재면 더 좋고요.

 저는 코로나 때문에 자주 손을 씻어요. 학교에서 손씻기 교육을 통해 습관이 된 거 같아요.

 저는 손씻기를 하면서 다른 감염병도 예방할 수 있을지 궁금했어요.

 직접 학생이 경험한 활동에서 소재를 찾았네요. 그럼 이제 구체적 탐구보고서를 작성해 볼까요. 어떻게 하면 될까요?

 먼저 '손씻기와 감염병의 관계' 등 적당한 키워드를 이용하여 논문을 검색하고, 제가 읽을 수 있는 논문이나 다른 자료를 참고해 이해할 수 있는 논문 등을 찾아 분석하면 될까요?

 네, 좋아요. 이후에는 논문에서 알게 된 내용을 정리하는 과정이 필요해요. 논문을 읽고 더 궁금한 점은 다른 논문을 찾아보는 것도 좋아요.

 그래서 추가적으로 2~3개의 논문을 더 찾아서 읽었어요. 손씻기와 손세정제에 대한 논문들이 있었어요.

 네, 그리고 마지막 활동으로는 진로에 연결하거나 심화활동을 하는 것도 좋아요.

논문에서 알게 된 내용만 적기보다는 더 호기심이 생긴 내용을 이해하기 위해 추가적으로 독서나 논문, 대학 강의 등을 이용한 심화활동을 하라는 것이죠?

 네, 잘 이해했네요. 이제 혼자서도 잘 할 수 있겠어요.

논문 읽기	내용
논문 분야	생명
논문 제목/저자	한국 학생의 손씻기 실천과 감염병 이환과의 관련성(장동방, 건양대학교)
주제 선정 동기	코로나로 인해 손씻기 운동을 지속하는데 다른 질병에도 효과가 있는지 궁금증을 가지게 되었다. 그래서 손씻기 실천이 감염병을 얼마만큼 줄일 수 있는지 궁금하여 조사하게 되었다.
알게 된 점	연구 결과를 종합해보면 식중독을 제외한 감기, 설사, 눈병 등의 질병감염 경험이 학년이 높을수록 많았다. 특히, 감기 감염 경험의 경우 남성보다 여성에서, 비누와 물을 사용한 손씻기보다 물 또는 손소독제만 사용한 군에서, 손등을 씻는 군보다 손등을 안 씻는 군에서 감기 경험률이 높았다. 손씻기 실태 조사 및 청소년건강행태 온라인조사에서 학년이 높을수록 손씻기 실천이 낮은 점을 고려할 때, 이 연구에서 학년이 높을수록 질병감염 경험률이 높고, 특히 감기 감염경험의 경우 손씻기 방법이 좋은 군일수록 경험률이 낮은 것은 기존 연구와 마찬가지로 손씻기가 감기와 같은 감염병의 예방에 영향을 미치는 요인으로 판단된다. 청소년은 집단생활로 인한 감염병 질환의 위험이 높은 점을 고려할 때, 학교 내에서 비누를 사용한 올바른 손씻기를 교육이 필요하다는 결과를 얻게 되었다.
추가적으로 읽은 논문이나 관련된 도서	• 손세정 방법에 따른 세균 제거 효과 비교에 대한 융복합 연구(정무상) • 손씻기 후 손 건조방법에 따른 세균 제거 효과 비교(박정숙)
실생활에 적용하고 싶은 점과 더 연구하고 싶은 점	세균이 증식하는 속도는 어떻게 되는지 궁금증을 가지고 조사하였다. 세균의 증식 속도는 20분마다 한 번씩 분열합니다. 따라서 1마리가 1시간에 8마리, 3시간이면 512마리로 증가하게 됩니다. 그런데 이보다 많은 미생물이 손에 있기에 미생물의 수는 가히 상상할 수 없을 만큼 많이 존재하기에 자주 씻는 것이 얼마나 중요한지 알 수 있을 것입니다.

PART
6

논문 읽기
활동 사례지

논문 읽기	내용
논문 분야	
논문 제목/저자	
주제 선정 동기	
알게 된 점	
추가적으로 읽은 논문이나 관련된 도서	
실생활에 적용하고 싶은 점과 더 연구하고 싶은 점	

논문 읽기	내용
논문 분야	
논문 제목/저자	
주제 선정 동기	
알게 된 점	
추가적으로 읽은 논문이나 관련된 도서	
실생활에 적용하고 싶은 점과 더 연구하고 싶은 점	

논문 읽기	내용
논문 분야	
논문 제목/저자	
주제 선정 동기	
알게 된 점	
추가적으로 읽은 논문이나 관련된 도서	
실생활에 적용하고 싶은 점과 더 연구하고 싶은 점	

PART
7

독서활동
사례 엿보기

독서활동상황은 교과 독서활동뿐만 아니라 공통 독서활동도 있습니다. 책 제목과 저자명만 기재하기에 중요하게 생각하지 않을 수 있습니다. 하지만 입학사정관은 독서목록을 통해 학업역량, 전공적합성, 인성, 발전가능성 등을 평가하고 있습니다. 따라서 독서량의 많고 적음보다 그 책을 왜 읽었는지, 책을 읽고 발전된 모습을 확인하고 싶어합니다.

또한 독서를 통해 융합적 사고를 확인할 수 있으면 더 좋습니다. 자신의 진로나 관심 분야와 관련된 독서활동을 통해 호기심을 구체화시키는 것이 중요합니다.

독서계획을 1학년 때부터 체계적으로 세우는 것이 좋습니다. 지원 전공 관련 영역의 책을 점점 구체화하는 것이 중요하기 때문입니다. 독서활동 소통지를 이용하여 줄거리만 정리하지 말고 책을 읽고 느낀 변화를 적는 게 중요합니다. '변화'는 책을 읽고 그 책이 나의 진로에 어떤 영향을 미쳤으며, 그로 인해 나에게 어떤 변화가 생겼는지를 구체적으로 기록하는 것이 좋은 평가를 받을 수 있습니다. 독서활동은 면접 시 질문으로 활용될 수 있기 때문에 본인이 읽은 책을 잘 숙지해야 합니다.

독서활동은 그냥 독후감으로 제출하면 되는 거 아닌가요? 탐구보고서 형태로 작성하라고 하는데 어떻게 하면 좋은가요? 독서활동이 진로와 관련된 내용이면 더 좋나요?

우선 관심 있는 책을 선택하고, 책에 대한 내용을 간단히 정리해보세요. 이때 저자가 전하는 메시지와 새롭게 알게 된 내용을 적는 것이 좋아요.

저는 기계공학과를 지원하기 때문에 〈국가대표 공학도에게 진로를 묻다(김경환)〉라는 책을 선택했어요. 책 내용 중 '유한 요소 설계분석' 내용이 흥미로워 그 내용을 많이 조사했어요.

네, 관심 있는 내용들을 확장하는 심화활동을 한다면 좋은 탐구보고서가 될 수 있습니다. 후속활동으로 무엇을 했나요?

사람을 배려한 제품을 생산하는 기계공학자의 필요성을 느껴 〈전통 속의 첨단 공학 기술〉이라는 책을 읽었습니다.

그럼 마지막으로 학생부 브랜딩 작업까지 할 수 있겠죠. 나만의 학생부를 만드는 것이 중요해요.

독서활동 소통지

학생명	학년 반 번 이름 :	기간	
도서명 / 저자	국가대표 공학도에게 진로를 묻다 / 김경환	관련 영역	진로
주제명	기계공학이란 무엇인가?		
읽게 된 동기	기계공학에 관심을 가지고 공학에 대한 폭넓은 이해를 하고자 이 책을 선정하게 되었다.		
독서 내용	기계공학이란 역학을 기초로 하는 모든 것을 연구하는 학문으로 인간을 위해 움직이는 장치에 대한 전반적인 내용을 다룬다. 기초 과목으로 가장 중요한 물리학과 미적분이 중요하다는 것을 알게 되었다. 기계 제도와 가공 실습, 시스템 제어 이론과 CAD 등을 배운다. 기계공학의 주요 연구 분야는 유한 요소 설계분석으로 간단히 해석하기 힘든 물체를 컴퓨터의 도움을 받아 보다 입체적으로 해석하기 위해 필요하다는 것을 알게 되었다.		
느낀 점	책을 읽는 도중 물리학과와 기계공학과의 차이를 이해할 수 있게 되었다. 의료나 항공 등 다양한 분야에서 기계공학의 도움을 받아 발전되고 있다는 것을 알게 되었다. 인간에게 더 실용적인 문제를 해결하기 위한 방법으로 발전하고 있다는 것을 알게 되었다. 이 책을 통한 기계공학이 내게 적합한 학문이라는 것을 알게 되었다.		
추후 심화 활동	기계공학에 있어서 재료에 대한 이해가 높아야 하는데 금속이라는 것이 예전부터 발전해 오늘날까지도 영향을 미치고 있다는 것을 알았다. 전통과학에서도 기계공학이 어떻게 적용되었는지 알아보고자 〈전통 속의 첨단 공학 기술〉이라는 책을 추가적으로 읽게 되었다.		
학생부 브랜딩	평소 기계공학을 전공하고자 생각하고 있었지만 본인이 기계공학의 어떠한 분야를 전공하고 싶은지 알지 못해 자신의 진로를 더욱 확실히 결정하기 위해 〈국가대표 공학도에게 진로를 묻다〉라는 책을 읽음. 이후 기계공학과 물리학의 차이를 정확하게 이해하고 자신의 성향에 기계공학이 더욱 적합하다는 것을 알게 됨. 또한 기계공학이 역학을 기초로 하는 모든 것을 연구하는 학문으로 인간을 위해 움직이는 장치에 대한 전반적인 내용을 다루는 학문임을 이해하고 수학과 물리학을 기반으로 하는 학문임을 알게 됨. 본인이 희망하는 진로로 진학하기 위해 수학과 물리수업에 더욱 집중하며 높은 성취도를 얻기 위해 노력하는 모습이 보임.		

 독서 기록 소통지

학생명	학년 반 번 이름 :	기간	
도서명 / 저자	조선시대 건축의 이해(김동욱)	관련 영역	역사

주제명	조선시대 건축물의 기능과 특징에 대한 관심
읽게 된 동기	수학시간에 배운 사이클로이드 곡선이 우리의 전통건축물에도 나타난다는 이야기를 듣고 신기하게 생각하여 우리나라 전통건축물에 어떤 과학원리가 들어 있는지 궁금증을 가지고 읽게 되었다.
내용 (줄거리)	• 조선시대 건축의 이해(김동욱) : 조선시대 건축의 특성에 대한 내용으로 궁궐, 사찰 등의 배경과 구조적 특징에 대한 내용을 이해할 수 있었다. 인정전_표면이 고르지 않은 물체에서 반사된 빛이 여러 방향으로 반사되어 왕의 시력 보호를 위해 박석이 깔렸다. 그런데 매우 단단해서 소리가 잘 반사되고, 회랑이 2중 반사벽이 되어 소리를 증폭해주어 콘서트홀 구조를 이뤘다.
느끼고 배운 점	우리나라 전통건축물이 아주 과학적으로 설계되고 지어졌다는 것을 알게 되었다. 또한 조선시대에도 생각보다 다양한 건축물과 건축양식이 존재한다는 것을 알게 되었다. 고르지 않은 돌을 깎았던 것은 다 이유가 있었으며, 돌의 종류에 따라 소리가 반사되는 정도가 다르다는 것을 알게 되었다.
후속활동	조선시대 때 사용된 건축물을 짓는 기술 중, 현재 사회에 접목할 수 있는 기술은 없을까 고민한 결과, 현재에도 황토집이나 통나무집 등이 지어지고 있으며 이것이 친환경 주택의 대표적인 모델임을 알게 되어 그러한 분야로 더욱 연구하고자 하는 마음을 가지게 되었다.
학생부 브랜딩	수학시간에 사이클로이드 곡선이 한옥에 적용되었다는 것을 알게 되었음. 이후 우리나라 전통건축물에 어떤 과학원리가 있는지 궁금증을 가지고 〈조선시대 건축의 이해〉 책을 읽고 인정전 앞 바닥의 돌의 모양으로 난반사가 일어나 눈부심을 방지하고, 단단한 박석을 활용하여 소리가 잘 반사되도록 하여 콘서트홀 구조를 이룬 점을 조사하여 발표함.

◉ 독서활동 소통지

학생명	학년 반 번 이름 :	기간	
도서명 / 저자		관련 영역	
주제명			
활동 계기 및 준비 과정			
독서 내용			
느낀 점			
추후 심화 활동			
학생부 브랜딩			

학생명	학년 반 번 이름 :		기간	
도서명 / 저자			관련 영역	
주제명				
활동 계기 및 준비 과정				
독서 내용				
느낀 점				
추후 심화 활동				
학생부 브랜딩				

학생명	학년 반 번 이름 :		기간	
도서명 / 저자			관련 영역	
주제명				
활동 계기 및 준비 과정				
독서 내용				
느낀 점				
추후 심화 활동				
학생부 브랜딩				

학생명	학년 반 번 이름 :		기간	
도서명 / 저자			관련 영역	

주제명	
활동 계기 및 준비 과정	
독서 내용	
느낀 점	
추후 심화 활동	
학생부 브랜딩	

PART
8

창의적 체험활동
자기평가서

자기평가서	내용
활동 주제	교내 과학 캠프
해당 내용에 대한 활동 내용	생명과학 모둠장으로 조원들을 이끌었으며, 실험 준비물을 챙기며, 실험에 잘 참여할 수 있도록 기여함.
활동 중 가장 흥미로운 내용	나일론 합성실험에서 헥사메틸렌디아민과 아디프산을 탈수축합중합을 통해 6,6-나일론을 합성할 수 있다는 것을 알게 되었으며, 감는 속도에 따라 실의 굵기가 다르다는 것을 알게 됨. 아스피린 합성 실험을 위해 사전 조사하면서 살리실산이 진통 효과가 있다는 것을 알게 됨. 그런데 왜 아세트산과 탈수축합반응을 하는지 궁금하여 조사하였더니 속쓰림 현상을 줄이기 위해 개선했다는 것을 알게 됨.
활동 중 느낀 점과 자신의 변화	아세틸살리실산(아스피린) 합성 실험에서 에스터 결합을 형성하는데 에스터 결합에 독특한 향기가 나서 합성향료로 사용된다는 것을 알게 됨. 과일과 꽃의 향기를 제조할 때 지방산의 탄소수가 12개 이하인 저급지방산을 활용하여 향을 만들 수 있다는 것을 알게 됨.

자기평가서	내용
활동 주제	개인 맞춤 정밀치료 강의
해당 내용에 대한 활동 내용	강의 참여 전 〈개인 맞춤의료의 시대가 온다〉 책을 읽고 질문할 것을 준비하여 강의에 참여함.
활동 중 가장 흥미로운 내용	개인 맞춤 정밀치료를 하기 위해서는 차세대 염기서열 해독법(NGS, Next Generation Sequencing)을 통해 환자에게 맞는 치료법과 의약품을 찾는 것을 알게 됨.
활동 중 느낀 점과 자신의 변화	23 and me라는 회사 유전자 검사 키트를 구매하여 자신의 유전정보를 확인해보고 개인 유전자 지도로 질병뿐만 아니라 생활 습관 등 다양한 정보를 얻을 수 있다는 것을 알게 되었다고 보고서를 작성하여 제출함.